Lea Sophie Keller

Augen zu oder auf

Poetry

Illustrationen

Lena Arenz

eW

Lea Sophie Keller

Augen zu oder auf

Poetry

Illustrationen

Lena Arenz

Bibliografische Information Der Deutschen Bibliothek
Die Deutsche Bibliothek verzeichnet diese Publikation in Der Deutschen Nationalbibliografie: detaillierte bibliografische Daten sind im Internet über http://dnb.ddb.de abrufbar.

Edition: PoetrySlam|ART

editionWort
Schillstraße 83
66113 Saarbrücken

www.editionwortverlag.com | info@editionwortverlag.com
www.editionwort-verlag.de | info@editionwort-verlag.de

Hergestellt in Deutschland
Herstellung & Vertrieb: BoD – Books on Demand, Norderstedt

Gedruckt auf 90g-Qualitätspapier

Schrift: Georgia

ISBN 978-3-936554-42-7

Für Rückenstärkende und Händereichende

Augen zu oder auf

Was verbirgt sich hinter unseren Gedankenwänden?

Vielleicht sind es die Dinge, die so weit entfernt scheinen, dass wir lieber unsere Augen davor verschließen.

Wie Menschen leiden, so dass sie sich selbst nicht mehr als Menschen mit Würde wahrnehmen können.

Kriege, die entstehen, weil die Gedanken immer noch nicht frei zu sein scheinen.

Menschen, auf die mit Worten geschossen wird, die umkreist werden von Buchstaben, die geformt werden, um zuzuschlagen.

Vielleicht sind es Vorurteile, die jeden im Inneren prägen. Denen man auszuweichen versucht, doch die Blicke bleiben. Wieder fallen die Augen zu.

Und der Blick hinter die Fassade verschließt sich unbemerkt.

Die Augen zu schließen, heißt allerdings auch ein wenig zu fantasieren. Sich in eine Welt zu träumen, in der jedes Lebewesen eine Würde besitzt. Eine Zukunft, in der man sich eigene Träume erfüllen kann.

Ein bisschen träumen vom gemeinsamen Lösungenfinden und dem friedlichen Zusammenleben.

Von Gedanken, die frei sind, die niemand versucht hinter Gitter zu bringen.

Es ist mir bewusst, dass Gedichte wahrscheinlich nicht die Welt verändern. Aber sie können bewegen. Zum Nachdenken anregen. In uns etwas auslösen.

Das ein oder andere Gedicht kann uns eventuell zum Schmunzeln bringen. Oder uns in eine Welt zaubern, in der jedes einzelne Herz sichtbar wird.

Und genau das fasziniert mich.

Worte zu finden für Gedanken, die mich nicht loslassen. Für Gefühle, die ich versuche durch Verse zu verstehen.

Deswegen schreibe ich, stelle mich auf Bühnen und trage meine Gedichte vor.

Weil ich gerne träume, mit offenen Augen. Und vielleicht den ein oder anderen in den Bann der tanzenden Buchstaben ziehe.

Eure Lea

Glühwürmchen

Drei Tage

Drei Tage noch
Schatten spielen düstre Streiche
Säbelrasseln durchdringt dein Ohr
Starke Spitzen steuern Tränen
Schweren Herzens
Schwere Steine stechen auf zur Seelennot

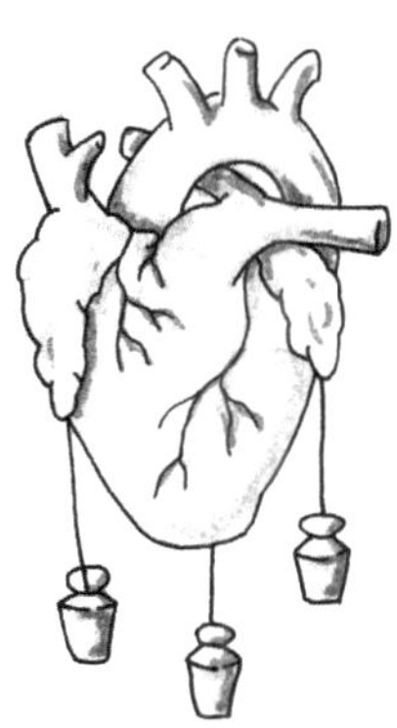

Zwei Stunden

Zwei Stunden noch
Angst durchdringt deine Atemwege
Jeder Augenblick scheint auswegslos
Herzensschmerz durchdringt die Seele
Schon bald erreicht dich Seelentod
Du bangst, du weinst, du schreist dich aus
Schmerzende Schreie
Aussichtslos
Dein Atem flach und ausgehungert
Dein Herz bedeckt von schwarzem Blut
Zerbeißt die Seele
Seelentod

Eine Sekunde

Noch eine Sekunde
Um dir zu beweisen
Dass du nicht umsonst gelebt

Dass in deinem Tränental
Der Traum von Erinnerungen lebt
Dass du etwas erreicht hast
Dass du dich selber liebst
Dass du in keinem Trauerspiel
Sondern in Erlebtem lebst
Sanft schließt du deine Augen
Blickst in deine Zeit zurück
Doch dann merkst du
Dass dein langes Leben
In einer Sekunde durchgedacht
Dass man dein Leben ein Sein nennen kann
Und wieder dieses Tränental
Dein Herz zersplittert zu Boden sinkt

Steine schlagen Gedanken nieder
Bis dein Atem dein Innerstes erstickt
Und du reglos am Boden Stille statt Blut vergießt

Tick tack tick tack

Tick tack tick tack
Sekunde für Sekunde
Stunde für Stunde
Tag für Tag
Um einen Schlag

Die Zeit, sie verinnt
Und schreitet voran
Das Leben beginnt
Endet irgendwann

Wir lassen uns tragen
Von nächtlichen Winden
Wir können nichts wagen
Augenblicke schwinden

Aus Angst vor dem Leben
Aus Angst, dass das Leben
Beginnt Berge zu überwinden

Dass wir uns verleben
Dass wir uns verirren
Dass wir den falschen Weg gehen
Und wie Glühwürmchen
In Runden schwirren

Tick tack tick tack
Sekunde für Sekunde
Stunde für Stunde
Tag für Tag
Um einen Schlag

So bleibt es leise
Die Ordnung besteht
Die Zeit hat ne Meise
Und fliegt und verweht

Aus Angst vor dem Leben
Aus Angst, dass das Leben
Aus den Fugen gerät

Schatten heißt Heimat
Hügel das Ende
Der rechte Pfad
Nur eine Legende?

Tick tack tick tack
Sekunde für Sekunde
Stunde für Stunde
Tag für Tag
Um einen Schlag

Tick tack Tod
Und sie vergessen dich

Tick tack Tod
Warum bist du nicht gegangen?

Tick tack Tod
Warum hast du nie angefangen?

Tick tack Tod
Warum wurdest du vom Sein gefangen?

Tick
Hattest du nie ein Verlangen?

Tack
Nach einem Leben?

Tick
Doch nun ist es zu spät

Tod
Denn deine Chance ist vergangen!

Es gibt keine falschen Wege!

Ja, manchmal drehen wir uns im Kreis
Stürzen ab, fallen tief
Und machmal ist es der Schweiß
Der uns zum Aufgeben anregt

Umwege wird es immer geben
Immer wieder steile Berge
Manchmal muss man fliegen lernen
Um eigene Ranken zu weben

Wir werden die Zielscheibe oft verfehlen
Und werden noch öfter auf die Nase fallen
Doch wir können Geschichten erzählen
Keine Angst, sie werden dir gefallen

Wir haben Zeit, die Zeit zu genießen
Bis zum letzten Tag
Bis zur letzten Stunde
Bis zur letzten Sekunde
Bis zum letzten Schlag
Bis zum letzten Tick tack

HERZSTILLSTAND

Poch, poch, poch
Wie mein Herz schlägt
Poch, poch, poch
Wie es sich für unsre Welt bewegt
Wie es unsre Welt in meinem Herzen trägt

Lasst uns gehen
Um die wunderbare Welt anzusehen
Lasst uns Schritt für Schritt
Wie der große Wind übers Land wehen

Ich werde es euch allen zeigen
Die Gipfel unsrer Welt besteigen
Bis wir uns alle vor ihr verneigen

Der Mensch, eine Bereicherung für unsre Welt
Die Welt, erst durch uns, als Himmelszelt, erhellt

Poch, poch, poch
Wie mein Herz schlägt
Poch, poch, poch
Wie es sich für unsre Welt bewegt
Wie es unsre Welt in meinem Herzen trägt

Stopp!

Mein Herz:
Seht ihr
Wie die wunderbare Sonne den Himmel entdeckt
Wie sie goldene Hoffnung in uns erweckt

Mein Verstand:
Ich sehe wie Müll die Berge erklimmt
Die Stunde, in der er uns bedeckt, unbestimmt

Die Menschen werden hier ersticken
Wie oft wird wohl der Sekundenzeiger noch ticken?

Wir müssen hier verschwinden
Uns die Augen verbinden
Und paradiesisches Land finden

Dieses Land war eine Ausnahme!
Vergessen wir das Gesehene ...
Vergessen wir das Geschehene ...
Vergessen wir ...
Vergessen ...

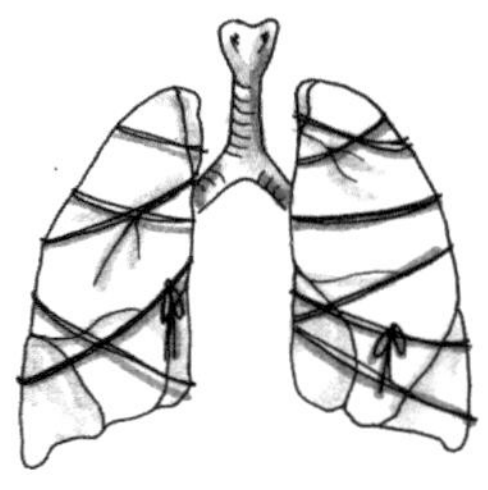

Poch, poch
Wie mein Herz schlägt
Poch, poch
Wie es sich für diese Welt bewegt
Wie es diese Welt in meinem Herzen trägt

Lasst uns laufen
In der Schönheit der Welt verschnaufen
Lasst uns die Wirklichkeit erblicken
Brieftauben in die Welt hinaus schicken

Die Welt ist gut!
Sie umarmt uns mit ihrer Liebesglut!

Stopp!

Mein Herz:
Seht ihr, wie die Wellen den Ozean küssen
Wie wir dieses Phänomen genießen müssen

Mein Verstand:
Ich sehe, wie das Öl die Ozeane zerfleischt!
Hörst du nicht, wie die Unterwasserwelt kreischt?
Und jeder Fisch zum Jagen ums Überleben kreist

Lasst uns weiterziehen
Von diesem gruseligen Ort fliehen
Meine schwarzen Gedanken
Zu viel geschrien!

Lasst uns das alles vergessen
Uns durch die dunklen Gassen fressen
Von glücklichen Regenbogen besessen
Schnell alles vergessen ...
Vergessen ...

Poch
Wie dieses Herz schlägt
Poch
Wie es sich für die Welt bewegt
Wie es die Welt in diesem Herzen trägt

Lasst uns sprinten
Entgegen den lieblosen Labyrinthen
Den Weg durch sie finden

Das Schöne umarmt uns hinter diesem Berg
Dort finden wir unser Lebenswerk

Dort liegen die Sonnenstrahlen versteckt
Unsre Unschuld, schon lange befleckt
Unsre Reise, wir wurden abgeschreckt
Unser Verstand, an Grenzen angeeckt

Vergessen wir das ...
Vergessen wir ...
Vergessen ...

Doch
Die Welt ist gut!
Sie umarmt uns nur mit ihrer Liebesglut!

Stopp!

Mein Herz:
Seht ihr
Wie die Pflanzen aus dem Boden sprießen
Wie sie sich zu neuem Leben erschließen

Mein Verstand:
Ich sehe
Wie die Atomkraftwerke die Leben erschießen
Wie beim Zusehen, die Augen Blut vergießen
Die Wurzeln den Boden langsam verließen

Sei leise!!!
Leise!!!
Lass mich in Ruhe!!!
Ich vergesse!
Du vergisst
Dass deine Welt am Boden liegt!?!
Ich vergesse!!
Du vergisst
Dass deine Welt Blut vergießt!?!
Ich, ich vergesse!!!
Du vergisst also
Dass die Menschheit die Welt erschießt!?!
Lügner!
Vergisst du es!?!
Ich ...

Poch, poch, poch
Wie mein Herz schlägt
Poch, poch, poch
Wie es sich vor großer Angst begräbt
Die Last der Menschheit in sich trägt!

Ein Traum für unsre Welt

Es war nur ein Traum
Doch es war eine Pracht

Die Erde glänzet in voller Tracht
Auch in der Nacht ein Licht entfacht
Ein Licht in der sonst finsteren Winternacht
Die Liebe der Menschen vertausendfacht
Die Menschendecke kuschelt sacht

So wachet der Frieden über die Welt
Ohne Macht und ohne Geld
Der Zusammenhalt wird unser Superheld
Die Menschendecke überdacht
Vom weiten Himmelszelt

Es glänzet die Welt
Es glänzet der Friede
Der goldene Kern
Der wahre Stern
Am Himmelszelt

Es war nur ein Traum
Der versteckten Wahrheit
Behutsam- und Behaglichkeit
Schluss mit der großen Einsamkeit
Schluss mit dem großen Menschenleid

Es war nur ein Traum
Doch es war eine Pracht

Seit der Macht
Sind wir aus unsren Träumen erwacht
Finster wurde unsre Nacht
Unsre Menschendecke hat Feuer entfacht
Unser Himmelszelt ist auseinander gekracht

So wurde die Macht
Das große Feuer
So wurde die Menschheit
Ein Ungeheuer

Sind Träume also nur zum Träumen da?
Obwohl die Träume doch schon so nah
In Gedanken eingesperrt

Lasst sie ausbrechen
Die Macht zerstechen
Lasst uns die Gedanken aussprechen
Damit sie die Stäbe zerbrechen

War es nur ein Traum?
Oder gar ein Blick in die Zukunft?
Wenn wir alle diesen Traum träumen
Können wir ihn auch erleben

Lasst uns diesen Gedanken
Nicht einfach versäumen
Sondern uns für unsre Träume erheben
Nicht dem Krieg ergeben
Sondern nach unsren Träumen streben

Gemeinsam

Für unsren Traum
Für unser Leben
Für unsre Erde

Schlagende Stille

Die Musik der Gedanken in meinem Herzen
Umzäunt von dem Gesang der flackernden Kerzen
Die mich vor falschen Tränen schützen
Mit scheinbar still und starren Geschützen

So frage ich warum?
Während mein Herz vom Singen träumt
Frage warum?
Während es langsam überschäumt
Warum?
Während es sich in Richtung Mund bewegt
Doch aus ihm nur Stille schlägt
Schlagende Stille
Verdammt nochmal warum?
Der Fehler, wenn der Verstand unentwegt überlegt

So scheint die Stille nach außen hin
Wie eine Träne der kleinen Dichterin
Wie ein schwarzes Herz mit düstren Splittern
Wie ein ängstliches Schmerzenszittern

Doch das ist nicht mein wahres Ich ...
Den Gesang der flackernden Kerzen überwunden
Die Kerzen behutsam zur Seite geschoben
Die Musik der Gedanken meiner Herzen gefunden
Dort verbirgt sich mein wahres Ich

Kennst du das?
Wenn mitleidige Blicke dein Herz zerfransen
Und Gedanken sich in deinem Herzen verschanzen

Kennst du das?
Wenn dein Verstand „nein“
Und dein Herz „ja“ sagt
Wer fühlt sich am Ende ganz klein?

So fragst du warum?
Während dein Herz von Singen träumt
Fragst warum?
Während es langsam überschäumt
Warum?
Während es sich in Richtung Mund bewegt
Doch aus ihm nur Stille schlägt
Schlagende Stille

Verdammt nochmal warum?
Weil die Angst fremder Gedanken
Deinen Mund bestimmt

Warum lassen wir uns von Verstand
Und nicht von Herz verleiten?
Wie kann uns nur der Mut entgleiten
Uns selbst in voller Pracht zu zeigen

Schließt eure Augen
Lassen wir unsere Herzen sprechen
Unsere Unsicherheiten zerstechen
Und von falschen Tränen auferweckt sagen

So wie du bist, bist du perfekt!
Doch verlangt niemand
Dass wir große Reden schwingen
Dass wir jederzeit die Welt besingen
Uns jederzeit von Menschen umringen

Wie gern lass ich Wolken Bilder malen
Erleben wie bunte Schatten den Boden anstrahlen
Wie Bäume Liebesgeschichte schreiben
Nur Buchstaben in ihren Ästen zurück bleiben

Die Musik der Gedanken in unsren Herzen
Die Angst vor Fehlern als flackernde Kerzen
Nehmen wir unsren ganzen Mut zusammen
Und fangen gemeinsam an
Flackernde Kerzen zu verbannen

Denn:

So wie du bist, bist du perfekt!

Die Röte des Lebens

Wenn jeder Strich ein Gedanke
Jedes Falsch ein Verzweifeln
Jede Zahl eine Zukunftsschranke
Für dein Leben bedeutet

Rote Schriftzüge, die über deine Zukunft sprechen

Das Rot, es ist längst nicht mehr
Nur auf deinem Blatt zu erkennen

Überraschungs-HÜ
Und das Blutrot in deinen Adern dröhnt
Referat
Und nervöse Gedanken zeichnen dein Gesichtsrot
Klassenarbeiten
Der Stress, dein Herz-Rot zu ersticken droht

Dabei wird doch gelehrt
Dass Rot für Leidenschaft steht
Doch das hat sich nie bewährt
Gefangen in dem Alltag der Autorität

Von roten Schriftzügen umgeben
Die dir deine Freiheit rauben
Zwangen sie dich in dein Leben
Ohne dir Kreativität
Gar Selbstbewusstsein zu erlauben

Ich bin eine Schülerin
Aufstehen, Schule, Hausaufgaben, lernen

Doch wenn jeder Strich ein Gedanke
Jedes Falsch ein Verzweifeln
Jede Zahl eine Zukunftsschranke
Für dein Leben bedeutet

Beginnst du dich zu fragen
Ob du versagen wirst
Ob du gut genug bist

Ich bin eine Schülerin
Aufstehen. Schule, Hausaufgaben, lernen
Verloren in der roten Welt
Doch was verbirgt sich hinter ihr?

Gedanken, die träumen
Herzen, die atmen
Seelen, die greifen

Das Blutrot in unseren Adern
Das für die Leidenschaft lebt
Und nie vergeht
Wenn wir nur gegen das Rot ankämpfen

Wir sind Menschen mit Herz & Seele
Doch das sieht ja niemand!

Waffenlos

Du brauchst eine Waffe
Nicht um zu töten
Sondern um zu quälen
Nicht um seine Haut zu röten
Sondern um sein Herz zu schälen

Du brauchst eine Waffe
Ganz ohne Waffenschein
Triffst du auf deinen Opferstein
Und schon frisst ihn das Seelenpein

Du brauchst eine Waffe
Beginnend mit barschen
Beißend scharfen Buchstaben
Liegen wachsend warnend
Wütende Worte begraben
Die schaudernd in schattigen Schwärmen
In Sätzen traben

Nun musst du nur noch deine Stimme erheben
Um die Venen deines Opfers zu verkleben
Um ihn mit Ängsten zu umgeben

Und auch, wenn du ihn noch so leise abzielst
Die Patrone von Person zu Person abspielst

Keine Sorge
Der Schuss, er kommt an

Wenn du die Buchstaben fein in Gedanken schlitzt
Die Worte nur in Facebook hinein ritzt
Glaub mir
Der Schuss, er kommt an

Beginnend
Mit spitzen scharfen Buchstaben
Liegen wachsend
Wuchernde Worte begraben
Die säuselnd in seelsaugenden Schwärmen
In Sätzen traben

Selbst wenn du die Pistole missbrauchst
Nur deinen Nachbar anhauchst
Um zu verhindern
Dass jemand eine Patrone auf dich abzielt

Keine Sorge
Der Schuss, er kommt an

Denn du willst ja nicht
Dass jemand deine Fehler sieht
Dass du in eine Welt voller Einsamkeit fliehst

Denn du willst ja beliebt sein
Und dafür musst du Opfer bringen
Perfekt sein, muss dir gelingen
Doch du weißt, du hast Fehler
Also musst du von dir ablenken

Beginnend
Mit peitschenden scharfen Buchstaben
Liegen faul fauchende Worte begraben
Die ohne Warnung in spitzen Stacheln
In Sätzen traben

Irgendwann fängst du dann an
Darüber zu lästern
Dass er es ja trotzdem nicht gemerkt hat
Dass du schon längst die Waffe
Auf ihn gerichtet hast

Fängst an, über ihn zu lachen
Ihn auszulachen
Weil er dafür ja viel zu dumm wäre

Nur siehst du nicht
Dass ihn der Schuss längst getroffen

Seine Wunde im Herzen längst offen

Wenn du es nicht siehst
Weint er
Wenn du es nicht siehst
Ist sein Herz leer
Wenn du es nicht siehst
Zückt er sein Gewehr
Zückt er sein Gewehr

Wenn du es nicht siehst
Hält er es sich an seine Schläfe
Drückt ab
Und atmet nicht mehr

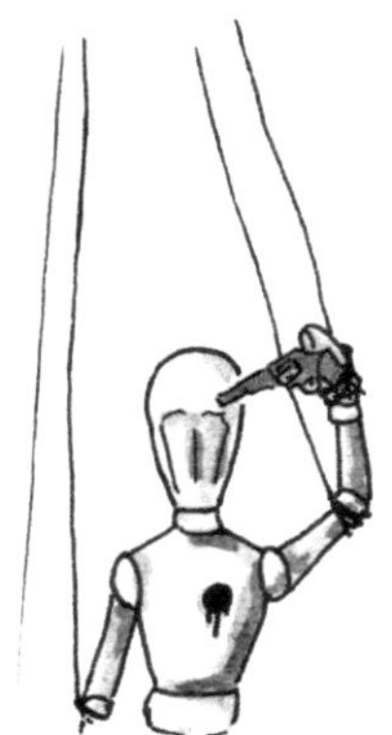

Und du
Bist wahrscheinlich so dumm
Und kapierst nicht
Dass dieser Selbstmord
Kein Selbstmord war

Blutige Buchstaben
Wühlende Worte
Speiende Sätze

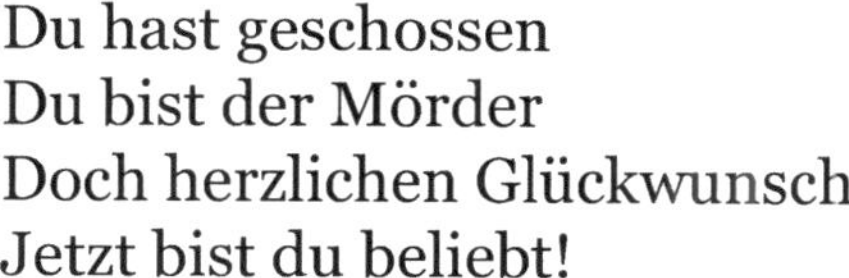

Du hast geschossen
Du bist der Mörder
Doch herzlichen Glückwunsch
Jetzt bist du beliebt!

Hast dich einer Gruppe
Von Mördern angeschlossen

Und sobald du einen Schritt nach hinten gehst
Haben sie schon längst auf dich geschossen

Wenn sie es nicht sehen
Weinst du
Wenn sie es nicht sehen
Ist dein Herz leer
Wenn sie es nicht sehen
Stehst du am Rande der Klippe
Stehst vor den Weiten des Ozeans
Wenn sie es nicht sehen
Schaust du hinab
Springst ab
Und atmest nicht mehr

Beißende Buchstaben
Wüstende Worte
Seelsaugende Sätze

Alle 52 Minuten
Nimmt sich allein in Deutschland
Ein Mensch das Leben
Alle 4 Minuten versucht es jemand
Jeder 4. Selbstmord wegen Mobbing

Es ist nicht genug
Dass du mit deinen Buchstaben
Um dich geschlagen
Mit deinen Worten zugestochen
Und deine Sätze sein Herz
Tag und Nacht plagen

Doch keine Sorge
Seine Familie hast du auch zerstört
Sie sollen nun unter Trauer weiterleben
Sich ihrem Schicksal des Unglücks ergeben

Wie schön wäre es, wenn wir mit Worten
Nicht quälen, sondern heilen würden
Wenn jeder Buchstabe ein Lächeln
Jedes Wort ein Aufhelfen
Und jeder Satz ein für immer
Glücklichsein bedeuten würde

Und wer meint
Er müsse Worte
Als Waffe missbrauchen
Vor hämischem Gelächter
Nur so überlaufen
Der sollte vor Scham
In der Finsternis untertauchen
Bis er versteht
Wie weh Worte tun können

Gemeinsam

Gestreift schwarz-weiß
Zeigt uns die Pracht
Eine Welt aus Eis
Finster die Macht

Finster die Nacht
Finster das Leben
Verloren die Schlacht
Soeben am Beben

Schwarz-weiß das Tier
Weiß sind wir
Doch schwarz seid ihr
Aber wir alle sind hier
Am selben Fleck
Ist das der Lebenszweck?
Dass Schwarz ins Weiß
Dass Weiß ins Schwarze
Passt?

Gibt es eine Welt
In der gemeinsam real?
In der Frieden der Held?
Oder nur ein fiktives Ideal?

Wie kam die Grausamkeit in unsre Welt?
Wie der Löwe das Zebra jagt
Wie er es zerfleischt
Und in schwarz und weiß unterteilt

Der Löwe wohnt in uns
In jedem von uns
Die Machtgier
Die unsre Gemeinschaft zerteilt
Anschließend zerfleischt
Und am Ende in schwarz und weiß unterteilt

Warum?
Weil wir egoistisch sind!

Und der Egoismus ist das Futter für den Löwen
Wenn wir nicht mehr egoistisch sind
Wird der Löwe blind
Und zusammen finden wir den Weg
Durch unser Labyrinth

Gibt es also eine Welt
In der gemeinsam real?
In der Frieden der Held?
Oder nur ein fiktives Ideal?

Wenn wir nicht mehr einsam
Sondern gemeinsam
Diesen Weg gehen
Wird der Frieden auferstehen

Und das Zebra wird
Überleben!
Leben!
Gemeinsam überleben!

Halb blind

Grasgrün, himmelblau, rosenrot
So erscheint mir die weite weite Welt
Ich sitze dort in meinem Boot
Und sehe wie das Sonnengelb den Tag erhellt

Die Vögel singen wild durcheinander
Im Einklang mit der Natur vor sich hin
Am Ufer blüht schon der Oleander
Die Natur kunterbunt, wie ich es bin

In meiner Seele, in meinem Herz
Entsteht ein farbenfroher Regenbogen
Langsam vergeht der pechschwarze Schmerz
Und der Frohsinn kommt angeflogen

Insekten, Hummeln, Bienen überall
Bedecken die grasgrünen Wiesen
Auch nachts im Dunkeln die Nachtigall
Ihr Können hat sie mir bewiesen!

Die Natur als eine unbegrenzte Schönheit
Als ein Abbild unsrer Welt
So farbenreich, so grenzenlos, so weit
Die Sonne uns den Weg durch die Natur erhellt

Doch dort verschwommen sehe ich
Eine Mauer, so hoch, dass ich kaum blicken kann
So kühl, so rabenschwarz, so unendlich
Immer näher gehe ich heran

Sehe die andere Seite immer mehr
Schon lange ungeheuerlich verbittert
So farblos, so trist, so leer
Seht dort, ein Kind, das zittert

Die pechschwarze Pistole drückt ab
Die Patrone trifft in das blutrote Herz
Dort drüben stürzt sie von der Klippe hinab
Die große weite Welt erfüllt von Schmerz

Eingesperrt in den grauen Gefängniszellen
Eingesperrt in der Ungerechtigkeit
Abgestürzt vom Fluss und seinen Gefällen
Eine Welt voller ungeheurem Leid

Die Vögel stürzen vom Himmel herab
Das Gewitter zerstört die farbenreiche Natur
Der Regen prasselt auf die Erde hinab
Blutrot bedeckt die weite Flur

Ich drehe mich schnell um
Möchte zu meiner Welt zurück
Bleibe immerzu leise und stumm
Wohne lieber im weiten Glück

Die Pflanzen blicken mich erwartungsvoll an
Ich soll helfen, soll mich wehren
Ich sag, dass ich das nicht kann
Bin zu faul um mich zu beschweren

Lebe als wäre nie was gewesen
Vergesse was ich dort gesehen
Vergesse die traurigen Wesen
Die laut genug um Hilfe flehen

Die innere Natur dieser Leute
Wir alle beachten sie nicht
Wir denken nur an unser Heute
Wir sind blind für das Nachtlicht
Halb blind
Wir alle!!!

Bis die letzte Träne fließt …

Wer ist sie?
Die Streberin, sagen sie
Bringt fast nur Einsen mit nach Hause
Weiß alles, kann alles
Spielt perfekt Klavier und nebenbei
Spricht sie sechs verschiedene Sprachen
Ja, die Streberin wird sie genannt
Wird lieber gemieden
Denn zwischen komisch und normal
Wird unterschieden
Doch insgeheim beneidet man sie

Und die Schulglocke ertönt
Ihr Lächeln scheint plötzlich verweht
Das Blut in ihren Adern dröhnt
Bis die erste Träne fließt

Denn Lara – 10 Jahre alt – hat Angst
Sie bringt heute nur eine zwei mit nach Hause
Sie Lara – 10 Jahre – fühlt sich ungewollt
Denn ihre Eltern wollen ein perfektes Kind
Immerhin soll sie doch später
Ihre Arzt-Praxis übernehmen
Und sie möchte sie nicht enttäuschen
Doch wenn sie dann nach Hause kommt
Wird sie angeschrien:
„Wieso hat denn Luis eine eins bekommen
Wenn es doch angeblich unmöglich ist?!
Schämen solltest du dich.“

Und sie weint
Alleine in ihrem Zimmer
Weil sie zu perfekt und nie perfekt genug ist
Das Loch in ihrem Herzen unendlich groß.
Doch es muss weitergehen, sagen die Eltern
Und sie geht
Am gleichen Tag zum Klavierunterricht
Und bekommt danach noch Lateinunterricht
Und dann, dann lernt sie noch den ganzen Abend
Doch wie es ihr geht, muss sie für sich bewahren
Denn sie versucht Anerkennung zu bekommen
Doch die hat sie nie erfahren

Lara – 10 Jahre alt:
Von außen die Streberin
Doch ihr Herz sehnt sich nach Geborgenheit

Nach einer behütenden und schützenden Decke
Die Eltern, von Lehrern und dem Dorf verschrien
Über die Geborgenheit, die man vor ihr verstecke
Bis die Kindessorgen aus den Gedanken entfliehen

Denn wir haben uns ja aufgeregt
Mehr können wir nicht tun
Doch vielleicht steht da etwas drüber
Über dem traurigen Kind

Ein Herz
Inmitten der scheinbar verkohlten Elternseelen

In dem kleinen Kind, das heute Papa heißt

Wer ist er?
Der Coole, sagen sie
Bekommt die tollsten Sachen
Großes Haus, reiche Eltern und total beliebt
Ja, er ist perfekt
Ein Sport-Junkie mit Fußballmeister-Titel
Und alle beneiden ihn
Hat alle Freiheiten der Welt
Denn seine Eltern sind kaum zu Hause

Doch wenn die Schulglocke ertönt
Sein Lächeln scheint verweht
Das Blut in seinen Adern dröhnt
Bis die erste Träne fließt

Denn Dominik – 11 Jahre alt – ist wie jeden Tag allein
Die Eltern sind nie da
Ja, sie arbeiten für ihn, sagen sie
Das ist ihm schon klar
Er kriegt ja auch viel Taschengeld
Doch mit Geld
Kann er sein Loch im Herzen nicht stopfen
So verschwindet er in seinem Zimmer und weint
Doch seine Gefühle muss er für sich verwahren

Darf sie niemals offenbaren
Denn dann hätte er nicht mal mehr die Schule
In der er lächeln darf.

Dominik – 11 Jahre alt:
Von außen, der Coole
Doch sein Herz, einsam und verlassen

Sehnt sich nach einer behütenden Decke
Die Eltern, von Lehrern und dem Dorf verschrien
Über die Geborgenheit, die man vor ihm verstecke
Bis die Kindessorgen aus den Gedanken entfliehen

Denn wir haben uns ja aufgeregt
Mehr können wir nicht tun
Doch vielleicht steht da etwas drüber
Über dem traurigen Kind

Ein Herz
Inmitten der scheinbar verkohlten Elternseelen

In dem kleinen Kind, was man heute Oma nennt

Wer ist sie?
Die Schlägerin, sagen sie
Schlägt alles was ihr in den Weg kommt
Ihren Mitschülern schlottern die Knie
Wenn sich ihre Wege mit ihr kreuzen
Lehrer nennen sie Problemkind
PROBLEMKIND

Ja, die Schlägerin
Die sich durch den Schulhof schlägt
Niemanden toleriert
Sie grinst
Wenn Kinder voller Angst ihren Weg meiden

Doch wenn die Schulglocke ertönt
Ihr Grinsen scheint verweht
Das Blut in ihren Adern dröhnt

Bis die erste Träne fließt

Denn Elvira – 9 Jahre alt – schlottern die Knie
Als sie Schritt für Schritt nach Hause geht
Wie sich jeder, wie eine Qual anfühlt

Sie hat Angst
Angst, dass ihre Mutter wieder überdreht
Und so steht sie vor der Tür
Sieht die Flaschen auf dem Boden verstreut
Die als Spur zu ihrer Mutter führen

„Mama, leg sofort den Alkohol weg!“

Schreit sie unter Tränen
Bis die Mutter aufsteht
Zu ihr taumelt
Ihre Handfläche auf ihre Backe knallt
Sie ihre Hand zu einer Faust ballt

„Das was ich tue oder lasse
Geht dich einen Scheißdreck an!“

Elvira – 9 Jahre alt – rennt mit roter Backe
Und Tränen in den Augen in ihr Zimmer
Und sperrt sich ein
Und weint
Denn wahre Liebe ihrer Mutter, hat sie
Seit dem Tod ihrer Schwester
Nie mehr erfahren
Mit der sie das Loch in ihrem Herzen
Hätte stopfen können

Elvira – 9 Jahre alt:
Von außen, die Schlägerin
Doch in ihrem Herzen ein Loch
Das sich nicht füllen lässt

Die Eltern, von Lehrern und dem Dorf verschrien
Über die Geborgenheit, die man vor ihr verstecke
Bis die Kindessorgen aus den Gedanken entfliehen

Denn wir haben uns ja aufgeregt
Mehr können wir nicht tun
Doch vielleicht steht da etwas drüber
Über dem traurigen Kind

Ein Herz
Inmitten der scheinbar verkohlten Elternseelen

Der Funke Geborgenheit, der ihr genommen wurde

Wie der Wind sich drehte

Probleme, soweit mein Auge sieht
Sorgen, die mein Herz erschüttern lassen
So schwebe ich in meinem Trauerlied
Ich verirre mich in Sackgassen

Der Wind zog, der Wind wehte
Wie der Wind sich drehte

Und ich ihn anflehte
Sog die Sorgen und Probleme
An wie Magnete

Die sorgenlosen Klänge erklingen
Endlich konnte ich tanzen und singen
Meine Sorgen und Probleme verlor
So war ich glücklich wie noch nie zuvor

Der Wind zog, der Wind wehte
Wie der Wind sich drehte
Und wieder zu mir wehte

Er kam wieder zurück
Was für ein Unglück
Was für ein Miststück
Nimm das Geldstück
Und komm nie wieder zurück

Doch er kam
Ungehorsam
Ganz langsam
Ganz grausam

In meinen Mund wehte
Und der Wind sich drehte

Ich habe Wind gegessen
Er schmeckt wie Filzstaub

So wie die Sorgen und Probleme
An denen ich huste
An denen ich krank werde
Und am Ende ersticke
An nicht gelösten Problemen

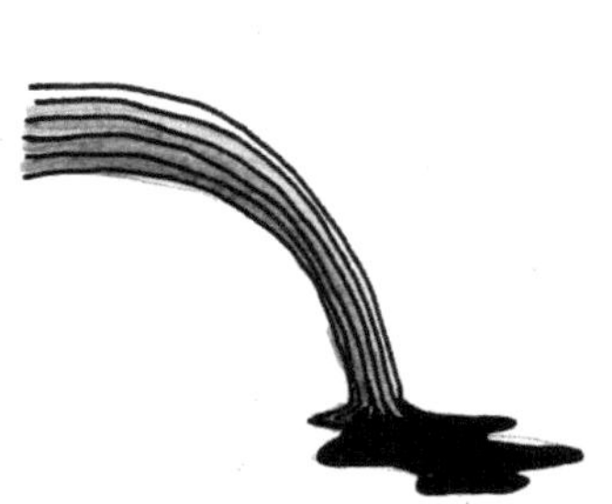

Düstere Regenbogen

Kühler, trüber Sonnenschein
Scheint auf die Erde herab
Dort sitzt er seelenallein
Die Blicke schauen hinab

Auf das kühle Pflastermal
Die faltig schwachen Hände
Sind des Feuers Muttermal
Sein Glaube ist am Ende

Der Glaube an den lieben Gott
Überschallt von düstren Zweifeln
In seinen Ohren hallt der Spott
Er mag es nicht begreifen

Liebe hat er nie verspürt
Die Eltern, früh verstorben,
Einsamkeit hat ihn verführt
Drogen haben ihn verdorben

Immer weiter abgesunken
Bis zum letzten Tropfen Stolz
Bis der letzte Hoffnungsfunken
So schwarz wie Vaters Ebenholz

Kindestrauma eingebrannt
Herzen verstummen im Wind
Bettelnd mit eiserner Hand
Engel verwehen geschwind

Mit einem schwachen Atemzug
Im Schatten seiner selbst gefangen
Entleert er seinen kleinen Krug
Bis die letzten Münzen fallen

Die letzten Münzen werden reichen
Für ein letztes Lebenszeichen
Für einen Hauch von guter Welt
Einmal den Duft vom Himmelszelt

Er spricht von Drogen
Die ihn gefangen halten
In düstren Regenbogen
Die ihn in zwei Hälften spalten

In die eine frisch und munter
Himmelszauber immer bunter
In die andre, die Realität
Die einfach nur grausam ist

So oft hat er es sich geschworen
Das Leben in den Griff zu kriegen
Sein Wille ist eingefroren
Sein Krieg ist schon längst verloren

Diese Erinnerungen
Die ihn schon immer jagen
Die ihn treten und schlagen
Bis ans Ende seiner Tage plagen

Niemand fragt, wie es ihm geht
Niemand nimmt sich Zeit für ihn
Jede Seele ist verweht

Er ist der asoziale Hartz-4-Schmarotzer
Der faule Sack, der dicke Gauner
Ist der Kiffer und der Penner
Doch ein Mensch ist er schon lange nicht mehr

Wie immer schläft er am Hafen
Nie würde er drinnen schlafen
Denn Gewalt und Diebstahl lauern
Hinter den notdürftigen Mauern

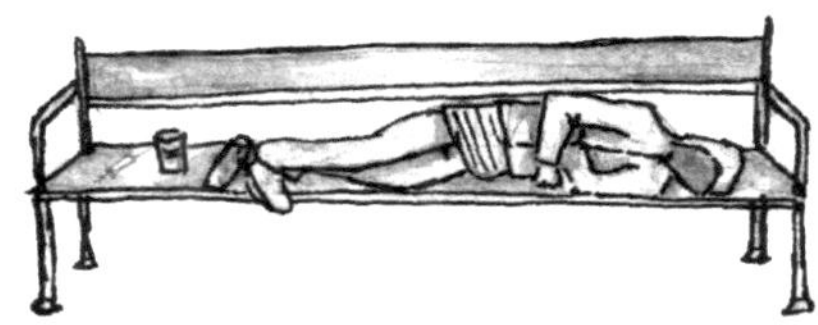

Er legt sich auf die harte Bank
Spannt ein dünnes Betttuch an
Nimmt den letzten Zaubertrank
Der Traum zog ihn in seinen Bann

Nun wünscht er sich ein bessres Leben
Ohne Alkohol und Drogen
Somit auf Wolke sieben schweben
Ein paar Kinderregenbogen

Er wäre gerne ein Pilot
Ein Kapitän auf einem Boot
Einmal nach Alaska reisen
Oder mal die Welt umkreisen

Aufzuwachsen ohne Eltern
Zerbrach seinen innersten Kern
Alkohol und Drogen füllten
Bis die letzten Tränen brüllten

Er kann nicht mehr, er will nicht mehr
An diese Dinge denken
Sein Leben ist ein totes Meer
Es lässt das Schöne versenken

Und noch ein letztes Mal
Die letzten Münzen werden reichen
Für ein letztes Lebenszeichen
Für einen Hauch von guter Welt
Einmal den Duft vom Himmelszelt

Wieder greift er nach den Drogen
Sieht noch einmal Regenbogen
Die ihn gefangen halten
Die ihn in zwei Hälften spalten

In die eine frisch und munter
Himmelszauber immer bunter
In die andre, die Realität
Die immer noch grausam ist

Der Glaube an den lieben Gott
Überschallt von düstren Zweifeln
In seinen Ohren hallt der Spott
Er mag es nicht begreifen

Diese Erinnerungen
Die ihn schon immer jagen
Die ihn treten und schlagen
Bis ans Ende seiner Tage plagen

Bis die Drogen ihm das Leben nahmen

Kriegserklärung an den Wald

Hiermit zücke ich mein Kriegsbeil
Drohe dir mit meiner Schlagfaust
Spanne Scherben, spitze Pfeile
Mit wilder Wut komm ich gesaust

Oh, Du abscheuliches Wesen
Oh, Du arroganter Giftzwerg
Dicke Äste wie Hexenbesen
So bös, ein reines Höllenwerk

Wie oft hast du mich geschlagen
Wie oft musste ich versagen
Doch nun fordere ich den Sieg
Hiermit fordere ich den absoluten Krieg

Du dummer Baum!

Ich sehe, wie du hämisch lachst
Wie du mit den bösen Wurzeln
In jeden Erdboden reinkrachst

Hiermit zücke ich mein Kriegsbeil
Drohe dir mit meiner Schlagfaust
Spanne Scherben, spitze Pfeile
Mit wilder Wut komm ich gesaust

Ich werde dir eigenhändig
Die Rinde vom Leibe rauben
Werde das Wunderöl eigenständig
Aus deinen Wurzeladern saugen

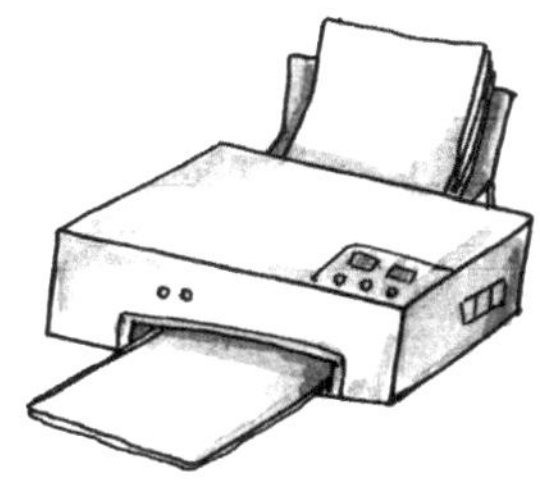

Werde dir dein Blatt ausreißen
Es unter den Drucker schmeißen
Es 1000-mal kopieren gehn
Und du wirst nur qualvoll zusehn
Bis nochmals 15 Kilo von dir gehn

Zerbrechen werd` ich deinen Traum
Nehm dein liebes Blatt als Geisel
Schon erstickst du an Tränenschaum
Auf unerklärliche Art & Weise

Hiermit zücke ich mein Kriegsbeil
Drohe dir mit meiner Schlagfaust
Spanne Scherben, spitze Pfeile
Mit wilder Wut komm ich gesaust

Werde unsre ach so lieben Bäume
Als Monster-Müllschlucker tarnen
Kinder bekommen Albträume
Eltern müssen vor Bäumen warnen

Werde die Baumgrippe verbreiten
Jede Zweifel werd ich bestreiten
Der Hass zu dir soll jeden begleiten
Soll jeden zum Fällen verleiten

Ich werde dich vernichten
Die dunkle Seite von dir belichten
Werde dich zu Tode richten
Von der Lüge des Klimawandels berichten

Hiermit zücke ich mein Kriegsbeil
Drohe dir mit meiner Schlagfaust
Spanne Scherben, spitze Pfeile
Mit wilder Wut komm ich gesaust

Danach zieh ich durch die Straßen
Bis wirklich alle Öko - Bewohner
Ein „Bitte extra viel Werbung" –Schild besaßen

Die Grünen werd` ich massakrieren
Ihnen die Bärte abrasieren
Werde ihre Schlappen stehlen
Ihnen Matschverbot befehlen

Und schon bald wird es so weit sein
Selbst das kleinste Blümelein
Ja, wir schlagen alles kurz und klein

Hiermit zücke ich mein Kriegsbeil
Drohe dir mit meiner Schlagfaust
Spanne Scherben, spitze Pfeile
Mit wilder Wut komm ich gesaust

Ich werde dich als freies Heim deklarieren
Bis alle Hunde ihr Revier an dir makieren
Und wenn du denkst, ich sei übergeschnappt
Dann schaust du wohl blöd
Wenn nur noch Hundekot an dir bappt

Gefangen von endlosem Leid
Bist du nun dem Untergang geweiht
Siehst du die schönen kahlen Felder?
In unsrer Tasche, die großen Gelder

Doch ich glaube
Eine Sache haben wir nicht so ganz bedacht
Sind die Bäume tot
Haben wir die längste Zeit
Auf Erden verbracht!

Was denkst du?

Ich denke, dass sich meine Gedanken
Immer um das gleiche drehen
Dass abgesehen von mir
Vielleicht noch Familie und Freunde
Im Inneren meiner Gedanken stehen

Muss ich jetzt wirklich zu Fuß nach Hause gehen?
Wie konnte mich Herr Sowieso
Im Unterricht bloß übersehen?
Und wie zur Hölle
Konnte die Zeit so verdammt schnell vergehen?

Es sind so viele Gedankensteine
Aus denen wir Gedankenwände bauen
So viele graue Traumfänger
Die uns Denken einfach nicht zutrauen

Traumfänger, die Gedanken ersticken
Die wir scheinbar nicht brauchen
Traumfänger, die nie über Wände blicken
Wenn wir erstmal die Heile-Welt-Pfeife rauchen

Gedankenwände, die die gefilterten Gedankenfetzen
In undurchlässige Grenzen übersetzen

Rauf und runter werden graue Traumfänger gestrickt
Hin und her Gedankensteine
An kühle Gedankenwände geschickt

Und wenn jemand fragt
Was bedeutet Weltfrieden für dich?

Weltfrieden ist halt schon sehr wichtig
Ich meine es wäre ja schon besser, wenn ...

Und wir geraten ins Stocken

Weil wir diese Gedanken nie so wirklich gedacht haben
Weil wir unsere Unschuld im seidenen Faden
Hinter uns her tragen

Wir geraten ins Stocken, weil wir vergessen haben ...
Dass während wir unsre Schulpause genießen
Ein Mensch
Von einer deutschen Waffe erschossen wird
Dass während wir auf unser Frühstücksei warten
Ein Jugendlicher durch Gewalt
Aus dem Leben gerissen wird
Dass während wir genervt unsre Zähne putzen
Wieder 40 Menschen
Durch Krieg und Terror vertrieben werden

Aber Weltfrieden ist ja schon wichtig ...

Und jetzt sag mal, ist meine Schminke verwischt
Was sagt dieser beschissene Wetterbericht?
Jetzt hab ich wieder so nen behämmerten Mückenstich

Es sind soviele Gedankensteine
Aus denen wir Gedankenwände bauen
So viele graue Traumfänger
Die uns Denken einfach nicht zutrauen

Traumfänger, die Gedanken ersticken
Die wir scheinbar nicht brauchen
Traumfänger, die nie über Wände blicken
Wenn wir erstmal die Heile-Welt-Pfeife rauchen

Weltfrieden wird in Köpfen eingefangen
Verfängt sich in verdorrenen Ranken
Bis sie an die Vergessenheit gelangen

Weil Fakten uns nicht helfen
Menschen-Herzen zu verstehen
Weil Traumfänger uns nur helfen
Menschen-Herzen zu übersehen

Gedankenwände bieten keine Sicherheit
Sondern schüren das schwarze Leid
Das wir von unserem Innern nicht sehen können

Und natürlich möchte niemand
Dieses Leid mit eigenen Augen sehen
Wir verstecken uns hinter unsrer Gedankenwand
Um nicht zu erkennen welche Träume gerade verwehen

Und ja, ich vergesse gerne

Dass während die letzte Strophe verklungen ist
Wieder ein Kind unter 5 Jahren
An Hunger gestorben ist

Während in Europa
Zirka 89 Millionen Tonnen
Lebensmittelabfall pro Jahr entsteht
Und alle 20 Minuten in Deutschland
Ein Mensch an Diabetes stirbt

Aber Hauptsache uns geht es gut

Hauptsache uns geht es gut ...

Nicht ohne Grund
Ertrinken zahlreiche arme Regionen
Lange Duschen und im Stau stehen
Soll sich ja lohnen

Nicht ohne Grund
Werden Näherinnen in Bangladesch ausgebeutet
Und niemand fragt sich,
Was das für Familien und Kinder bedeutet

Nicht ohne Grund
Fließen so viele Tränen
Wenn wir nie die Gemeinsamkeiten
Sondern immer nur die Unterschiede erwähnen

Rauf und runter
Werden graue Traumfänger gestrickt
Hin und her Gedankensteine
An kühle Gedankenwände geschickt

Es sind so viele Gedankensteine
Aus denen wir Gedankenwände bauen
So viele graue Traumfänger
Die uns Denken einfach nicht zutrauen

Vielleicht würde mit dem Herzen denken
Einem Fremden einfach mal ein Lächeln schenken
Gedankensteine aus Wänden brechen
Den Traumfänger mit eigenem Willen zerstechen
Uns eine neue Welt offenbaren

Ich würde niemals behaupten
Dass sich unsere Gedanken
Nur um Belanglosigkeiten drehen
Jeder hat Gedankenmonster
Die hoffentlich irgendwann vergehen

Ich habe dieses Gedicht geschrieben
Um fremde Menschen-Herzen
Nicht aus meinem Gedankenfilter zu sieben
Um Fremden auch ab und zu zu vertrauen
Nicht immer nur wegzuschauen
Um mich ohne Gedankenwand
An die Oberfläche zu trauen

Ich erwarte nicht
Dass diese Worte die Welt verändern
Dass die Gedankenwände
Wieder ins Verborgene schlendern

Wenn nun die letzten Zeilen verklingen
Wenn ich von der Bühne verschwinde
Werden Traumfängerfäden
Das Gedicht umschlingen

Und was bleibt sind die Gedankenwände

Gedicht sein will gelernt sein

Ich bin ein Gedicht
Na ja etwas kurz geraten
Aber das stört mich ja nicht

Ich werde über alle Dächer ragen
Werde wachsen bis zur letzten Seite
Denn mein Autor pflegte stets zu sagen:
Man wächst ja immer, zumindest in die Breite

Nun setzte er sich an den Tisch
Nahm den Kulli in die Hand
Schrie: „Nun werde ich erfinderisch“
Und malte ein Herzchen mit Gesicht an den Rand

Er hat doch ein Leben voller Möglichkeiten
Er könnte in mir auf Pferden reiten
Könnte eine Schminkboutique leiten
Oder den Weg zur Weltherrschaft beschreiten

Er entschied sich fürs Bier trinken
Auch gut
Sah auch echt schick aus
Als er mir mit dieser Sabsch
Ein neues Styling verpasste
Dankeschön nochmal

Er beschmiss mich mit jedem Plunder
Ich glaubte wirklich er hasste mich
Doch eigentlich war das kein Wunder

Denn jeder weiß doch:
Was sich liebt, das neckt sich

Und seitdem war ich unsterblich verliebt
Jede Worte waren aus dem Blatt gesiebt
Ich sehnte mich nach Zärtlichkeit
Nach ein kleines bisschen Geborgenheit

Noch lange saß er neben mir
Doch seine Zuneigung blieb geheim
Er liebte mich mehr als sein Bier
Zumindest teilte er mit mir seinen Nasenschleim

Auch, wenn noch kein Wort mich getroffen
Ließ er mich von Großem hoffen
Ich möcht auf jede Bühne ragen
Von Autors Munde vorgetragen

Er verließ den Raum
Ohne mir auch nur „tschüss" zu sagen

Ich hab dir gerade meine Gefühle
In den schönsten Reimen vorgetragen
Und du hast nichts Besseres zu tun
Als dich ohne ein Wort raus zu schleichen?!

Am nächsten Tag näherte er sich
Verliebt und richtig gut gelaunt
Starrte er zu mir auf den Tisch
Meine Gedanken füllten sich:

Sie schrien laut: Heirate mich! Heirate mich!
Schon war der Autor ganz erstaunt
Ich hatte es wohl laut hinaus posaunt

Er sah mich vorerst schweigend an
Mit fettem Grinsen im Gesicht
Ging still und leis näher heran
Und dämmerte das große Licht

Nun ist der Augenblick gekommen
So voller Zuversicht war ich noch nie
Ich fühlte mich durchaus vollkommen
Mein Inneres voller Euphorie

Endlich spürte ich sanfte Berührung
Ein bisschen kitzelte es auch
Ich spürte meine Befriedigung
Diese Schmetterlinge in meinem Bauch

Nach langem Kuscheln und Küssen
Hielt ich plötzlich inne
Ich hätte es wirklich nicht sehen müssen

AH!!!! EINE SPINNE!!!!

Und mein Autor, dieser Bösewicht
Tippte mit lächelndem Gesicht
Auf einem Monstrum von schwarzem Loch
Es war ein riesiges Gepoch

Immer mehr Worte schrieb er nieder
Sang dabei noch Liebeslieder
Streifte mit sanfter Miene
So zart, wie auf der Violine

Das schwarze Brett mit abgebissenem Apfel

Ein IPad Plus mit ultra Klasse

Jetzt mal ganz im Ernst
Bin ich noch nicht einmal besser
Als ein zerkauter Apfel?

Nun musste ich schleunigst schnell handeln
Hatte auf einmal den aller besten Plan
Wut begann sich in Freude zu verwandeln
In mir tobte das Feuer, wie im Vulkan

Nun musste ich mutig sein
Seine Liebe kräftig würzen
Den Apfel schlag ich kurz und klein
Mein Plan: Ich werde mich in die Tiefe stürzen

Er wird mich retten und mich lieben
Werde ihn mal kräftig durchsieben
Mein Plan ist eben sehr durchtrieben
Wird sich endlich in mich verlieben

Und so gab ich mir einen Stoß
Das Fenster war schon offen
Ach, wo bleibt er bloß
Nun konnte ich nur noch hoffen

Ich sprang
Er guckte
Ich fiel
Er guckte
Ich schrie
Er gu... grinste?

Du solltest mich doch retten
Jetzt spring ich in den Tod
Stattdessen fängst du an mit Apfel zu chatten
Und beißt in dein Schokoladenbrot

Was bist du nur für ein Idiot?!

Ich sah schon den Boden aus Stein
War das wirklich das Ende
Ich fühlte mich so allein
Plötzlich fiel ich in Goethes Hände

Goete nahm mich zu sich auf
Streifte mich dann zärtlich glatt
Schrieb „Der Zauberlerling" drauf
Und ich fraß mich an Worten satt

Das Genscherenkind

Mitten in der Nacht
Wurde was geboren
Die kleine Kinderfracht
Gemeißelt von Autoren

Sie ist zwar noch klein
Ein glänzendes Stück Gold
Schön noch obendrein
Das wurde von ihr gewollt

Schnipp Schnapp
Gene ab
Ein bisschen rühren bis es passt

Ärzte kochen Menschenkinder
Gene werden schön verziert
Eltern sind Rezepterfinder
Perfektion wird garantiert

Sie ist das Genscherenkind
Sie ist so schnell wie der Wind
Das Haar ist blond, die Augen blau
Die Proportionen ganz genau

Helle Haut, schmales Gesicht
Makellos und hoheitlich
Saugt sie wissen in sich auf
Und Gedanken nehmen ihren Lauf

Sie sitzt jetzt schon recht lange dort
Mit den Büchern auf dem Schoß
Still und Stumm und Wort für Wort
Baut sie sich ein Gedankenfloß

Nur sinkt das Floß, das Wasser steigt
Dem roten Meer schon zugeneigt
Sie paddelt wild, sie ringt nach Luft
Nun schaut sie auf die tiefe Gruft

Sie muss lernen und nicht träumen
Sagen Genscherenlehrer
Soll die Zeit nicht versäumen
Sagen Genschereneltern

Sie ist mit Genscheren perfekt
Das soll sie gefälligst nutzen
Die Gefühle sind versteckt
Scheren konnten sie verschmutzen

Sie hat nie davon geträumt
Ohne Träume aufzuwachsen
Nun ist sie so wie all die anderen
Dreht sich um die eignen Achsen

Oft fragt sie sich was wäre
Wenn niemand sie zerstört
Wenn dort nie eine Leere
Hätte Glück zu ihr gehört?

Fühlt sich wie eine Maschine
Nur das Mittel zum Zweck
Tag für Tag Alltagsroutine
Du kommst hier nicht weg

Vielleicht würde sie malen
Echte Freunde haben

Nicht mehr schwarze Zahlen
In ihr Gedächtnis graben
Und vor allem
Vielleicht würde sie Liebe erfahren

Schnipp Schnapp
Gene ab
Deine Träume machen schlapp

Mitten in der Nacht
Wurde es geboren
Es war klein und schwach
Doch lebte stets geborgen

Von Liebe umgeben
Mit Fehlern umzäunt
Beginnt er zu leben
Und fängt an zu träumen

Er ist kein Genscherenkind
Er sieht nichts, er ist blind
Das Haar ist braun, die Augen tot
Manchmal ist er ein Chaot

Wie er aussieht, weiß er nicht
Doch im Kopf malt er sein Licht
Dass ihn von innen her umstrahlt
Fürs Gene schneiden wurde nicht bezahlt

Er tobt herum, er lacht ganz laut
Als er den Legoturm umhaut
Am späten Abend geht er schlafen
Nun steht er am Gedankenhafen

Er schippert auf dem Traumsegelboot
Und fliegt mit ihm, er ist Pilot
Nach oben zu den Sonnensternen
Und wird dort oben zaubern lernen

Er soll lernen und perfekt sein
Sagen Genscherenlehrer
Soll sich aus dem Leben raushalten
Sagen Genscherenschüler

Er ist eben nicht perfekt
Das macht ihn manchmal traurig
So oft hält er sich versteckt
Denn er fühlt diesen Blick

Niemand möchte mit ihm spielen
Er gehört einfach nicht dazu
Das Perfekte scheint zu schielen
Das zeigt doch sein IQ

Er ist kein Genscherenkind
In einer Welt voller Genscherenkinder
Hält er einfach nicht mehr mit

Während sie auf einer Ebene geht
Nicht weiß, ob sie oben oder unten steht

Nicht weiß, welche Hand sie hält
Wenn sie in die Tiefe fällt

Nicht weiß, welches Herz in ihr schlägt
Wenn die Genschere sie prägt

Es gibt genug Menschen
Denen es wie ihr schrecklich geht
Doch wie soll man ausbrechen,
Wenn sich alles um Perfekt-Sein dreht

Bald werden Ärzte kochen lernen
Erste Eltern Rezepte schreiben
Die ersten Kinder greifen nach Sternen
Doch Maschinen werden übrig bleiben

Das letzte Lachen
Das letzte: Ich hab dich vermisst
Das letzte mal träumen
Das letzte mal
Ich hab dich lieb, so wie du bist

FUSSSTAPFEN

Mein Kopf pocht ohne Takt
Mein Bauch scheint zu drücken
Mein Trommelfell verknackt
Atemwege zücken

Gedanken aus Adern
Bis die Augen tropfen
Und mein Herz beginnt
Schneller zu klopfen

Ich bin doch das Gebäude
In das du jeden Tag gehst
Mit viel Lachen und Freude
Ein Hauch von Wissen
In dein Gesicht bläst

Mann, was ist los in mir drin
Dass Gefühle abstürzen
Ergibt für mich keinen Sinn

Was in mir drin passierte
Reines Gedankengeschmier
In was ich mich da verlor
Niemand erklärte es mir

Bis ein Systemterrorist
Meine Wunden erkannte

Du bist nicht das Haus der Dichter und Denker
Vielmehr die Hütte der Richter und Henker
Ich kann dir sagen, wieso dein Herz so schnell pocht
In dir werden Schüler mit Rotstift unterjocht

Jeder Schlag deines Herzens, ein Fehler markiert
Eine Zahl drückt aus, wie deine Zukunft wird

Die rote Farbe lässt Kinderträume platzen
Schon in der vierten Klasse kratzen sie Wunden
Aus tiefen Gedanken

Astronaut wirst du mit den Noten eh nicht
Mit der Grammatik schreibst du nie ein Gedicht

Wirst weder Künstler, noch schaffst du dein ABI
Wenn du die Theorie nicht in dein Hirn boxt

Aus dir wird nichts, du wirst es nie zu was bringen
Wenn dir die einfachsten Sachen immer misslingen

Und so erlischen Träume und Selbstvertrauen
Wut und Trauer brauen sich in Schäumen auf

Manches klingt für dich viel zu übertrieben
Doch verbale Stockhiebe brennen sich ein
Körperliche Gewalt wird zwar vermieden
Doch viele wissen was es heißt allein zu sein

Mein Kopf pocht ohne Takt
Mein Bauch scheint zu drücken
Mein Trommelfell verknackt
Atemwege zücken

Gedanken aus Adern
Bis die Augen tropfen
Und mein Herz beginnt
Schneller zu klopfen

War ich nicht mal, ich meine, wie kann das sein
Bin ich ein Ort, an dem niemand frei zu sein scheint?

In dir müssen Kinder stets funktionieren
Nicht den Unterricht störn, lernen und nicht reden
Sollen sich in das System integrieren
Wissen bündelt sich schnell in Nervenfäden

Funktionieren, wenn es dir gerade nicht gut geht
Funktionieren, wenn sich dein Gedanke im Kreis dreht
Funktionieren, wenn du einfach nicht mehr kannst
In der Schule, wenn du deine Gefühle verbannst

Um für eine Klausur zu üben

Dass jeder 4. Schüler in Deutschland
An psychischen Erkrankungen leidet
Scheint dabei weniger zu interessieren

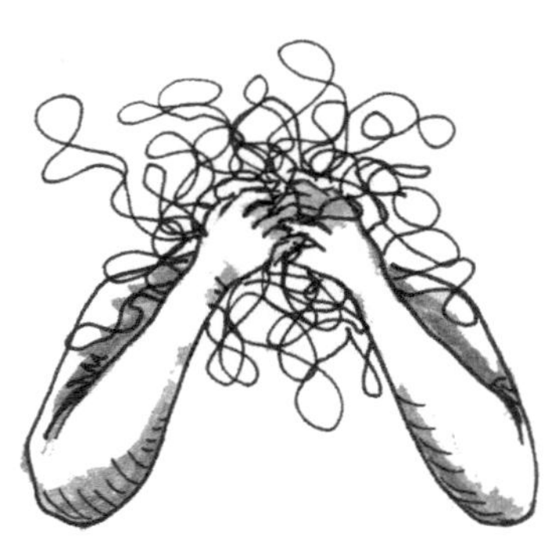

Mein Kopf pocht ohne Takt
Mein Bauch scheint zu drücken
Mein Trommelfell verknackt
Atemwege zücken

Gedanken aus Adern
Bis die Augen tropfen
Und mein Herz beginnt
Schneller zu klopfen

Ich bin wütend
Weil mir jemand den Atem abschnürt
Wütend
Weil mich jemand in den Abgrund führt

Ich bin Wütend
Weil das System mich hintergangen hat

Hilfe, holt mich hier raus
Seht mich an
Woraus ich erschaffen bin

Eine leere Hülle
Mit verdorrten Kinderträumen
Ich zerknülle mein Herz
Und lasse es umzäunen

Ist da denn nichts mehr
Für was es sich zu hoffen lohnt
Die Wahrheit liegt schwer
Wenn in mir nur Angst und Trauer wohnt

Weißt du, trotz alldem
Schaue ich mit einem Lächeln
Auf dich zurück

Danke

An die Lehrer, die auf
Augenhöhe sprechen
Die uns die Hände reichen
Und nicht brechen

An die Lehrer, die den
Weg zur Zukunft räumen
Statt sich mit allen Kräften
Vor ihm aufzubäumen

Danke

An die Lehrer, die verstehn
Dass Schüler nur Menschen
Kinder mit eigenen
Gedankensternen sind

An die Lehrer, die an
Jeden von uns glauben
An Leidenschaften
Die uns beurlauben
Für Dinge, die nichts
Mit der Schule zu tun haben

Danke

An die Lehrer, die sich
Tag für Tag bemühen
Trotz Stress und Lehrermangel
Nicht mit Kreide, sondern Hoffnung
An die Tafel sprühn

An die Lehrer, die dir
Sagen, dass es okay ist
Nicht immer zu funktionieren

Die Ängste und Träume ernst nehmen
Und in uns nicht nur Schüler sehn

Und danke

An meine Freunde
Wie wir Vertrauen schenken
Bunte Tränen tauschen
In Umarmungen tränken

Und vor allem

Danke

An meine Eltern, die nicht sagen
Wenn du Hobbies hast
Könnte es dir für deine Noten wenig nützen
Sondern wie können wir dich
Bei deinen Leidenschaften unterstützen

Auf dem Fließbandboden unsrer Zeit
Zeichnen wir leuchtende Fußstapfen
Wer weiß, vielleicht ist es bald so weit
Und wir sitzen zwischen Traumtannenzapfen

Danke an
Traumsinger und Kerzenfinder
Glücksbringer und Herzenskinder

Danke an
Lichthandwerker, Wändestreicher
Rückenstärker, Händereicher

Danke an dich
Durch den die Schule hell erstrahlt
Aus dem Kerker namens Schule
Eine echte Sonne malt

Lea Sophie Keller

erblickte mit 16 Jahren zum ersten Mal das Bühnenlicht, seitdem bereist sie die deutschsprachigen Slam-Bühnen.

Unter anderem hat sie 2018 Trier bei den Rheinland-Pfalz-Meisterschaften vertreten und stand im Finale der deutschsprachigen U20-Meisterschaften 2019.

Damit qualifizierte sie sich für die deutschsprachigen Meisterschaften 2019 in Berlin.

Ferner belegte Lea bei dem Literaturwettbewerb „Autoren-Nachwuchswettbewerb vom Wochenspiegel und Literatur-on-tour Saar Hunsrück 2016“ den ersten Platz.

Leas Gedichte wurden in den Anthologien „Eine Reise in die unglaubliche Welt der Fantasie“, „Durchschrift 5 - Junge Schreibtalente aus Rheinland-Pfalz“ im Kontrast Verlag und in dem E-Book „Eine Welt für dich und mich“ im Aufbau Verlag veröffentlicht.

www.lea-sophie-keller.de

Lena Arenz

fand nach einer Kindergartenzeit, die vor allem am Maltisch verbracht wurde, erst mit 14 Jahren wieder zur Kunst zurück.

Seitdem haben verschiedenste Kunstarten den Großteil ihrer Freizeit zurückerobern können, bisher allerdings nur als Hobby.

Derzeit liegt ihr Fokus vor allem auf dem Illustrieren von Liedtexten, aber ab sofort offensichtlich auch von Gedichten, da das Kombinieren von Wort und Bild die präziseste Kommunikationsmöglichkeit für sie bietet.

Wenn die Straßen Triers nachts mal wieder von einem durch die Jalousien scheinenden Licht erhellt werden, stehen die Chancen gut, dass Lena mit Pinsel in der Hand über ihrem Schreibtisch hängt.

EditionWort

ist auf >>Junge & Neue<< Autor*innen und Künstler*innen ausgerichtet und fördert diese durch Veröffentlichungen und entsprechende Veranstaltungen. Der Verlag unterstützt das Aktionsbündnis für faire Verlage.

Ausführliche Informationen finden Sie unter:
www.editionwortverlag.com
www.editionwort-verlag.de

Poetry Slam

sinngemäß mit >>Dichterwettstreit<< übersetzt, entstand in den 90er Jahren durch den Autor Marc Kelly Smith in Chicago. In Deutschland finden regelmäßig mehr als 300 Poetry Slams statt. Die einzelnen Autor*innen stehen im Wettbewerb und das Publikum entscheidet über den >>Sieger<<. Alle literarischen Formen und Genre sind beim Poetry Slam erlaubt und es ist ein Event der Gemeinschaftlichkeit.

Der Poetry Slam ist bis heute eine junggebliebene Weise des literarischen Vortrags von jungen und älteren Autor*innen. Im Jahr 2017 wurde der Poetry Slam in das >>Verzeichnis des immateriellen Kulturerbes<< der UNESCO aufgenommen. Es finden Stadt- Regional- und Landesmeisterschaften statt.

Poetry Slams in der Stadt Trier werden seit 2003 vom >>**Kultur Raum Trier e.V.**<< veranstaltet und ist somit einer der ältesten Poetry Slams in Deutschland.

Ausführliche Informationen finden Sie unter:
www.kulturraumtrier.de